시편 2

시편 20~41편

옥한흠 다락방 시리즈 12

소그룹 성경공부 교재

시편 2

시편 20~41편

옥한흠 지음

국제제자훈련원

교재 사용에 대하여

제자훈련의 열매는 훈련된 평신도 지도자들이 사역하는 소그룹(구역, 다락방, 셀, 목장)이라 할 수 있다. 소그룹이란 성도 간에 아름다운 사랑의 교제를 나누며, 말씀 안에서 영적으로 성숙해가도록 서로 돕고, 믿지 않는 사람들을 초청하여 복음을 나누는 작은 단위의 공동체이다. 소그룹은 하나님의 말씀에 기초한다. 그러므로 각자의 삶을 드러낼 수 있도록 돕고, 변화되어야 할 삶의 목표를 분명하게 제시할 수 있는 좋은 교재가 마련되면 효과적인 소그룹을 운영하는 데 큰 도움을 얻는다. 그러나 분주한 목회자의 입장에서는 직접 교재를 만든다는 것이 그리 쉬운 일이 아니다. 이런 어려움을 해결할 수 있도록 돕기 위해 마련된 것이 '옥한흠 다락방 시리즈'이다.

본 시리즈를 사용하는 데 있어 다음 몇 가지를 참고하기 바란다.

1. 이 교재는 소그룹에서 귀납적인 방법으로 성경을 공부하기 위해 만든 것이다. 즉, 성경의 가르침을 일방적으로 주입하는 대신 충분한 토의를 통해 구성원들의 생각을 먼저 정리하고 그것을 성경의 가르침과 비교하도록 구성되었다. 결코 해답 베껴 쓰기식의 공부가 되지 않도록 해야 한다. 서툴더라도 자기 인식과 활발한 토의 참여에 의한 생생한 결론이 나올 수 있도록 해야 한다. 따라서 지도자는 소그룹 환경에서 귀납적 방법으로 성경을 공부하는 것이 무엇인지를 반드시 먼저 배워야 한다.
2. 이 교재는 교역자가 매주 소그룹 지도자들을 먼저 예습시킨 다음 사용하게 해야 바람직한 효과를 기대할 수 있다. 소그룹 지도자가 공부할 내용을 충분히 이해해야 한다.
3. 소그룹에 참석하는 자들은 반드시 예습을 하도록 권장해야 한다.
4. 한 과를 공부하는 데에는 한 시간 이상이 필요하다. 그러므로 각 문제에 따라 답만 찾아보고 넘어가야 할 것과 충분한 토의를 통해 진지하게 적용할 것을 잘 구별해서 진행하는 것이 중요하다.

차례

Lesson 1

환난 날의 기도

시편 20:1~9

마음의 문을 열며

어떤 성경학자들의 연구에 의하면 20편은 왕이 전쟁에 출전하기 직전에 하나님께 승리를 비는 제사를 드리면서 백성과 더불어 읊은 일종의 출전시(出戰詩)라고 한다. 이는 매우 흥미로운 견해라 할 수 있다. "왕이 제사를 마치면 제사장 중 하나가 축원을 하고(6절), 끝으로 왕과 백성이 한 목소리로 그들의 믿음을 고백하며 승리를 빈다"(7~9절)는 견해가 사실인지는 확인하기 어렵지만 본문의 흐름을 파악하고 그 의미를 이해하는 데는 도움이 될 수 있다. 이 시편을 통해 오늘의 교회와 우리 개개인이 들어야 할 주의 음성이 무엇인지 귀기울여 보자.

말씀의 씨를 뿌리며

1 처음 다섯 절 안에는 여섯 가지의 간절한 기원이 들어 있다. 그 내용을 적으라. (1~5절)

2 '환난 날'은 전쟁과 같은 국가적인 위기 상황을 가리킨다. 개인에게도 환난이라 부를 수 있는 역경이 많다. 우리가 하나님을 향해 백기를 드는 환난 날에는 우리 자신을 완전히 포기하고 주의 은총을 바라는 기도를 드리게 된다. 왜 그럴까? (참고/ 욥기 30:24)

3 성소와 시온은 성막이나 예루살렘 성전을 가리킨다. 왜 이곳에서 하나님이 도우시기를 기도하는 것일까? (참고/ 역대하 20:8~9)

4 현대를 사는 우리가 환난 중에 있을 때 하나님의 도우심은 어디에서 온다고 생각하는가? (참고/ 디모데후서 4:17~18; 마태복음 10:19~20)

5 다윗은 소제와 번제를 하나님께 드렸다. 소제는 감사하는 제사요, 번제는 회개하는 제사다. 환난을 당한 사람이 이 제사들을 드릴 필요가 있다고 생각하는가? 환난 중의 감사와 회개, 이것이 당신에게 주는 메시지가 있으면 말해보라.

6 4절의 기원은 우리가 가장 좋아하는 기도라 할 수 있다. 이런 기도는 모든 사람을 위해서 해야 할 필요가 있는 반면에 함부로 해서는 안 될 이유도 있다. 왜 그렇게 말할 수 있는가? (참고/ 시편 21:2, 145:15~16; 야고보서 4:3)

7 당신은 마음의 소원을 다 이루었으면 좋겠다고 생각하는가?

8 구약 시대에는 선지자, 제사장, 왕을 일컬어 하나님의 기름 부음 받은 자라고 했다. 그러나 신약 시대에는 우리 모두가 기름 부음 받은 하나님의 거룩한 제사장이다. 그러므로 언제 어디서나 6절의 말씀을 믿음으로 고백하며 살아야 한다. 내용을 다시 한번 검토하라. 그리고 이 말씀이 얼마나 확신 있게 당신의 마음을 사로잡고 있는지 말하라.

9 전쟁을 앞두고 있는 마당에 무력을 의지하지 않고 하나님을 의지한다는 것은 대단히 어려운 일이다. 무력이 앞서지 못하면 실제로 전쟁을 승리로 이끌기가 쉽지 않기 때문이다. 그럼에도 불구하고 다윗을 비롯한 위대한 믿음의 전사들은 무력보다 하나님을 의지하는 믿음을 앞세웠다. 그 좋은 예를 한두 가지 들어 보라. (참고/ 사무엘상 17:32~49; 사사기 7:1~8)

삶의 열매를 거두며

일상 생활에서 우리는 재물이나 건강보다 하나님을 더 신뢰하다가 겪은 여러 가지 에피소드를 가지고 있다. 성공한 일도 있지만 실패한 일도 있을 것이요, 이익을 보았는가 하면 손해를 보기도 했을 것이다. 각자의 체험을 말해보라.

Lesson 2

환난 날의 응답

시편 21:1~13

마음의 문을 열며

우리는 20편과 21편을 나란히 놓고 검토할 필요가 있다. 시편을 연구하는 학자들의 견해에 따르면 두 시편의 내용이 밀접한 연관성을 가지고 있다. 20편을 '환난 중에 드린 간구'라고 한다면, 21편은 '환난 날에 받은 응답을 기뻐하는 찬양'이라고 할 수 있다. 두 시편을 비교하면 분위기부터 다르다는 것을 느낄 수 있다. 하나는 어두움이 깔리듯 무거운 반면 다른 하나는 햇살에 눈이 부시듯 밝다. 하나는 부르짖는 절규로 들리는 데 비해 다른 하나에서는 기쁨으로 노래하는 함성이 들린다. 하나님의 자녀는 기도와 응답, 눈물과 기쁨이라는 징검다리를 건너면서 하나님의 선하심을 맛보며 사는 사람들이다.

말씀의 씨를 뿌리며

1 먼저 20편 4절과 21편 2절을 비교해보라. 무엇이 다른가? 마음의 문을 열며을 참고하면서 21편의 성격을 다시 말해보라.

2 환난 중에 부르짖는 다윗에게 하나님이 응답하신 내용을 1~6절을 가지고 간단히 요약하라.

3 우리 자신을 다윗에게 비교하는 것은 사실 무리가 따를 수 있다. 그러나 다윗을 사랑하시고 불쌍히 여기신 하나님이 우리 모두의 아버지가 되신다. 따라서 우리 역시 환난 중에 다윗이 받아 즐기던 축복을 기대할 수 있다. 다윗이 받은 축복 중에서 당신이 가장 간절하게 받기를 원하는 것은 무엇인가? 그리고 그 이유는 무엇인가?

4 시편에서 왕을 찬양하는 내용은 대부분 예수 그리스도에 대한 예언이라고 볼 수 있다. 다윗이 환난 중에 받았던 응답은 예수님 역시 세상에서 받으셨던 것들이다. 몇 가지 예를 들어 보라.

• 힘(누가복음 22:43)

• 영영한 장수(사도행전 2:31~32)

• 존귀와 위엄(에베소서 1:20~22)

5 예수님이 누리게 된 영광은 그를 따르는 우리 모두의 것이 될 수 있다. 이 영광은 주가 다스리는 하나님 나라에서 우리가 영원히 누릴 축복인 것이다. 왜 그런지 4~6절의 내용을 가지고 설명하라. (참고/ 에베소서 2:5~6; 요한계시록 3:21)

6 우리에게 늘 붙어다니는 문제가 하나 있다. 그것은 환난 중의 응답을 지금 당장 세상에서 얻어야 하는 현실적인 것으로 생각하는 버릇이다. 우리가 얼마나 정욕적인 사람인지를 보여 주는 일이기도 하다. 환난 날의 응답은 육적이기보다 영적인 면이 강하고, 세상적이기보다 내세적인 성격이 더 두드러진다. 다음 구절을 가지고 설명하라.

- 요한복음 16장 33절

- 로마서 8장 17절

- 로마서 8장 24~25절

7 8~10절을 읽으라. 본문은 환난에서 구원하신 하나님께서 앞으로도 변함없이 원수들을 이기게 해주실 것이라는 확신을 노래하고 있다. 다윗의 이 믿음대로 그가 살아 있을 동안 하나님께서는 그를 지켜주셨다. 다음 내용을 찾아 확인하라.

• 사무엘하 3장 1절

• 사무엘하 7장 1절

8 이 세상에서의 승리는 장차 예수 그리스도께서 가져다 줄 완전하고 영원한 승리의 서곡에 지나지 않는다. 그러므로 우리는 개인적인 원수들을 세상에서 전멸시켜 주시기를 소원해서는 안 된다. 그렇게 되리라는 믿음도 가져서는 안 된다. 예수님이 주실 때까지 믿음과 소망을 가지고 기다려야 한다. 왜 그런가? 다음의 말씀을 찾아보라.

• 누가복음 18장 7~8절

• 요한계시록 2장 26~27절

• 요한계시록 6장 9~11절

9 주님이 영원히 다스리는 그날이 되면 우리는 13절의 노래를 마음껏 부르며 하나님께 영광을 돌릴 수 있을 것이다. 그러나 지금도 주님은 우리의 입술에서 날마다 이 찬송이 끊어지지 않기를 원하신다. 어떤가? 이 구절을 외워서 오늘부터 무엇을 하든지 간에 찬양하고 싶지 않은가?

삶의 열매를 거두며

우리 가운데 환난을 당하는 형제가 있는지 살펴보자. 그를 위해 기도하자. 당장 필요한 응답을 받을 수 있도록 돕자. 그리고 마지막 날까지 기다려야 할 응답에 대해서는 믿음과 소망을 가지고 바라보도록 도와주자.

Lesson 3

엘리 엘리 라마 사박다니

시편 22:1~31

마음의 문을 열며

본 시편은 예수님의 수난을 예언한 시로 유명하다. 다윗이 언제 이와 같은 절망의 심연에 빠져 몸부림을 쳤는지 정확히 알 수는 없다. 하지만 그의 생생한 체험을 통해 장차 세상에 오실 메시아가 겪어야 할 십자가의 고난을 예언한 것은 틀림없는 사실이다. 그래서 22편에는 '제5 복음서', 혹은 '다윗복음'이라는 별명이 붙어 있다. 내용이 마치 십자가의 고난과 부활의 영광을 대조하는 것처럼 보이기 때문이다. 이 시간에는 메시아의 수난 예언에 초점을 맞추어 은혜를 나누도록 하겠다.

말씀의 씨를 뿌리며

1 시편 22편은 22절을 중심으로 둘로 구분할 수 있다. 전반부는 십자가를 후반부는 부활을 예언하고 있는 것이다. 예수님이 어떤 형편에서 1절의 절규를 하셨는지 마태복음 27장 45~46절을 가지고 검토하라.

2 하나님으로부터 완전히 버림받은 것 같은 고독과 고통을 어떻게 표현하고 있는가?

• 2절/

• 14~15절/

3 다윗은 십자가의 길을 가실 예수님의 처지가 어떠하리라고 예언하였는가? (참고/ 마태복음 27:39; 마가복음15:29)

• 7~8절/

• 12~13절/

4 다음의 성구들을 비교하면서 다윗의 예언이 예수님을 통해 어떻게 성취되었는지를 살펴보라.

• 16절/ 요한복음 19장 18, 34절

• 18절/ 마태복음 27장 35절

5 14절과 15절을 보라. 매맞고 십자가에 달렸을 때 예수님이 겪어야 했던 심신의 고통이 그려져 있다. 예수님은 나의 죄와 형벌을 대신 짊어진 채 말로 표현할 수 없는 고통을 당하셨다. 이 은혜가 얼마나 놀라운가? 우리는 지금 그 십자가 앞에 서 있다. 그리고 예수님이 아니었더라면 우리가 지옥에서 영원히 겪어야 했을 소름끼치는 고통을 눈앞에 보고 있는 것이다. 당신의 느낌을 말해보라.

6 예수님의 죽음이 우연한 사건이 아니라, 시편에서 예언한 대로의 예정된 죽음이었다는 사실이 왜 그렇게 중요한가? (참고/ 누가복음 24:44~48; 마태복음 26:53~54)

7 십자가 다음에는 반드시 부활의 영광과 환희가 따라오게 되어 있다. 죄와 죽음을 정복하시고 부활하신 예수 그리스도를 바라보는 자의 입에서는 찬양이 쉴 새 없이 흘러나온다. 그리고 그 찬양은 주님이 다스릴 영원한 나라까지 이어질 것이다. 이 사실을 강조하기 위해 다윗이 22~26절 사이에 찬송이라는 말을 몇 번이나 반복하고 있는지 찾아보라.

8 최근에 부활하신 예수님을 생각하고 너무 좋아서 갑자기 찬송을 부른 일이 있으면 말하라.

9 죽음을 이기고 부활하신 예수님의 복음을 접하는 자들이 땅끝에서부터 몰려들 것이다. 그와 동시에 하나님의 나라가 온 우주에 충만하게 될 것이다. 왜 그런가? (27~28절)

삶의 열매를 거두며

하나님은 모든 족속이 주를 찬송하는 그날이 오기까지 우리에게 복음을 맡겨 전하게 하셨다. 우리가 담대하게 복음을 전할 때 하나님이 열방의 주재가 되어 영광을 받으실 것이다. 당신은 지금 복음을 전하고 있는가?

Lesson 4

여호와는 나의 목자시니(1)

시편 23:1~6

마음의 문을 열며

성경 말씀 중 가장 좋아하는 시가 무엇이냐고 묻는다면 많은 성도들이 23편이라고 대답할 것이다. 주일학교 시절부터 즐겁게 애송해 온 아름답고 은혜로운 찬양이요, 신앙고백이다. 너무 익숙해진 탓에 습관적으로 읽고 외우는 위험도 없지 않지만, 삶에서 무엇인가 부족할 때나 왠지 마음이 적적할 때 나도 모르게 마음에 떠올리게 되는 친근하고 부담없는 말씀이다. 이 시간 푸른 초장에서 배불리 풀을 뜯고 마냥 행복하게 누워 있는 하나님의 양이 되어 보지 않겠는가?

말씀의 씨를 뿌리며

먼저 본문을 두 번 함께 읽어 보자. 그리고 평소에 이 시를 외우거나 읽을 때 어떤 느낌을 받았는지 서로 나누어 보자.

1 이스라엘에서 목자는 천하고 고된 직업에 속한다. 그럼에도 하나님은 자신을 목자에 비유하고 계신다. 다음 구절들을 찾아보고 왜 하나님이 자기를 목자라고 하시는지 각자의 생각을 적으라.

• 이사야 40장 10~11절

• 요한복음 10장 11~15절

2 다윗은 1절에서 우리가 세상에서 겪을 수 있는 갖가지 부족과 궁핍을 하나님께서 채워 주신다고 고백한다. 어떤 형편에서 하나님이 우리의 부족을 채워 주신다는 말인가? 본문에 등장하는 여섯 곳을 찾아 그 이름을 적어보라. (2~6절)

3 푸른 초장과 쉴 만한 물이 필요할 때는 우리가 어떤 처지에 있을 경우라고 생각하는가? (참고/ 출애굽기 15:22~24, 16:2~3)

4 날마다 끼니를 걱정해야 하는 절박한 형편에 처해 본 일이 있는가? 그때 하나님이 양식과 물을 공급해주셔서 부족함이 없도록 해주시는 것을 체험해보았는가? (참고/ 마태복음 6:31~32)

5 하나님이 초장에서 풀을 뜯게 하신다고 하지 않고 눕게 하신다는 말씀이나, 물을 먹인다고 하지 않고 쉴 만한 물가로 인도하신다고 하는 말씀은 단순히 허기진 배를 채워 주고 타는 목을 축여 주신다는 것 이상의 의미가 있다. 그것은 무엇이라고 생각하는가? (2절, 참고/ 빌립보서 4:11~13)

6 물질적으로 궁핍에 빠졌을 때 부족했던 물질을 채워주시는 것 이상으로 하나님의 은혜를 체험한 일이 있으면 말해보라.

7 하나님께서는 우리를 어느 길로 인도하기를 원하시는가? 그리고 그 길은 어떤 것인가? (3절, 참고/ 잠언 4:11~12)

8 의의 길을 걸어가기 위해서 우리에게 꼭 필요한 것이 무엇인가? (3절, 참고/ 시편 51:10~12; 이사야 61:1~3)

9 의의 길을 걷는 것은 우리 자신의 행복을 위해서도 피할 수 없는 일이지만, 하나님 자신의 이름을 위해서도 불가피하다. 왜 그럴까? (3절, 참고/ 로마서 2:23~24)

삶의 열매를 거두며

주의 이름을 영화롭게 하기 위해 오늘도 우리는 의의 길을 걸어가야 한다. 그것은 하나님께서 우리의 영혼을 소생케 해주셔야 가능한 일이다. 그럼에도 불구하고 육신의 궁핍은 참지 못하면서 영혼의 궁핍은 예사로 보는 사람이 너무나 많다. 우리 자신은 그런 사람이 아닌지 반성해보자. 지금 당신에게 참으로 필요한 것은 푸른 초장인가, 의의 길인가, 배를 채우는 풀인가, 영혼을 소생케 하는 은혜인가?

Lesson 5

여호와는 나의 목자시니(2)

시편 23:1~6

마음의 문을 열며

앞 과에서는 목자 되신 하나님을 따라 푸른 초장, 쉴 만한 물가, 그리고 의의 길로 가 보았다. 형편이 바뀔 때마다 우리의 부족함을 미리 아시고 채워주시는 우리 아버지 하나님께 어떤 감사를 올려야 할지 가슴 벅찰 뿐이다. 오늘은 하나님이 인도하시는 사망의 골짜기, 원수의 목전, 여호와의 집으로 가보려고 한다. 가는 곳마다 부족함이 없게 하시는 좋으신 하나님을 찬송하도록 하자.

말씀의 씨를 뿌리며

1 사망의 음침한 골짜기는 무엇을 가리키는 것일까?
(4절, 참고/ 전도서 3:1~8)

2 세상을 사는 우리가 사망의 골짜기를 만나게 되는 이유는 무엇일까?
(참고/ 디모데후서 3:12; 시편 107:10~11)

3 사망의 골짜기에서 하나님은 어떻게 도우시는가? (4절)

4 해를 두려워하지 않는다는 말은 악을 겁내지 않는다는 뜻이다. 어떤 사람이 사망의 골짜기에서 악한 대적과 겁없이 대결할 수 있는가? (참고/ 시편 27:1~3; 스바냐 3:16~17)

5 지팡이와 막대기는 목자가 양들에게 방향을 가리키고 경계선을 만들어 주는 데 사용하며, 양을 해치려는 짐승을 물리치는 무기로도 쓰인다. 우리를 인도하시는 하나님의 지팡이와 막대기는 무엇인가? (참고/ 디모데후서 3:16~17; 시편 119:9~12)

6 5절을 다시 읽으라. 원수의 목전은 어떤 곳일까? 그리고 이 세상에서 하나님이 우리를 원수의 목전으로 인도하시는 경우가 있다면, 그 예를 들어 보자.

7 우리를 핍박하고 괴롭히던 자들이 보는 앞에서 하나님이 큰 상을 차리고 융숭한 대접을 할 뿐 아니라 환영하는 의미로 머리에 향유를 부어 주시는 것은 무엇을 의미하는 것일까? (참고/ 시편 30:11~12, 31:19; 누가복음 1:48, 52~53절)

8 다윗이 평생 의심하지 않고 믿은 것이 하나 있다. 무엇인가? (6절)

9 험한 세상에서 목자가 인도하는 여호와의 집은 하나님과 동행하며 그의 전능하신 팔 아래서 보호받는 삶 전체를 의미한다. 예수를 믿고 순종하는 자는 날마다 여호와의 집을 떠나지 않는다. 다음 내용을 가지고 정리해보라.

• 시편 84:10/

• 히브리서 4:15~16/

10 우리가 여호와의 집에 영원히 거할 수 있을 것이라는 확신을 가지는 근거가 어디에 있는가? '선하심'과 '인자하심'이란 말을 가지고 생각해 보라. (6절, 참고/ 시편 36:7, 100:5, 103:8~14)

삶의 열매를 거두며

당신은 지금 어디에 있는가? 사망의 골짜기인가, 원수의 목전인가, 여호와의 집인가? 그리고 당신이 어디에 있든지 주께서 선하심과 인자하심으로 인도하시리라는 확신이 있는가?

Lesson 6

영광의 왕께 올리는 찬송

시편 24:1~10

마음의 문을 열며

본문이 겉으로 보기에는 일관성이 없는 내용 같지만 사실은 그렇지 않다. 왕이신 하나님을 어떻게 예배하고 찬송하는 것이 합당한가를 명료하게 교훈하고 있는 은혜로운 말씀이다. 우리는 삶 전부를 거룩한 제사로 하나님께 드리며 사는 하나님의 백성들이다. 그렇지만 잘못하면 예배 아닌 예배를 드리면서 하나님을 멸시하기가 쉽다. 먼저 진정한 예배를 회복하려는 마음가짐이 있어야 할 것이다. 이것을 위해 우리가 펴놓고 있는 본문은 큰 도움이 될 것이다.

말씀의 씨를 뿌리며

1 여호와 하나님은 만물의 주인이시다. 그가 주인 되신 이유를 처음 두 절은 어떻게 말씀하고 있는가? (1~2절, 참고/ 골로새서 1:15~17)

2 이 세상의 모든 것이 내 소유가 아니고 하나님의 소유라는 신앙고백은 입으로 하기는 쉬워도 마음으로 하기는 어렵다. '내 손에 들어 온 것은 내 것'이라는 강한 주인 의식이 마음에 도사리고 있기 때문이다. 그래서 하나님이 달라고 해도 내놓으려고 하지 않는다. 당신이 이런 어리석은 행동을 할 때는 언제인가? (참고/ 역대상 29:11, 14절; 신명기 26:10)

3 창조자요 만물의 주가 되신 여호와 하나님은 영원히 경배와 찬송을 받으실 분이시다. 그러나 더러운 입술의 찬송은 받지 않으신다. 하나님은 거룩하신 분이기 때문이다. 그러므로 하나님 앞에 서는 자는 손과 마음과 입술이 깨끗해야 한다. 다윗은 이 사실을 어떻게 이야기하고 있는가? (3~4절)

4 "손이 깨끗하다"라는 말은 무슨 의미인가? (참고/ 욥기 17:9; 이사야 1:15~17)

5 "뜻을 허탄한 데 두지 않는다"는 말은 우상에게 마음을 주지 않는다는 의미를 가지고 있다. 예수님은 이 말씀을 어디까지 적용해야 한다고 교훈하시는가? (참고/ 마태복음 6:24)

6 하나님께 나아가는 자는 손과 마음과 뜻, 그리고 말이 깨끗해야 한다. 이 네 가지는 전인격을 가리키는 구약적인 표현 중 하나라 할 수 있다. 그러나 굳이 네 가지를 일일이 거론하는 데는 나름대로 이유가 있을 것이다. 마음과 손이, 뜻과 말이 일치하지 않는 경우가 많기 때문이 아닐까? 마음이 정결하면 행동이 깨끗해야 하는데 사실은 그렇지 못한 일이 얼마나 많은가? 뜻이 바르면 말도 바로 해야 하는데 그렇지 못한 경우도 많이 본다. 본의 아니게 이중인격을 가지고 세상을 사는 데 익숙해져 있기 때문이다. 당신은 어떤가?

7 우리가 다루고 있는 시편은 다윗이 하나님의 법궤를 오벧에돔의 집에서 자기 성으로 옮기면서 지은 것으로 알려져 있다. 사무엘하 6장 12~15절을 읽고 그 내용을 정리하라.

8 하나님의 법궤를 모시는 것은 하나님을 모시는 것을 말한다. 자기 집으로 들어오시는 하나님을 어떻게 영접해야 하는가?

9 "문들아 너희 머리를 들지어다"는 무슨 뜻인가? 여기에서 '문들'은 어디에 있는 문을 말하는 것일까? (참고/ 3:20, 누가복음 12:35~36)

삶의 열매를 거두며

하나님을 내 마음에, 내 가정에 모시려고 할 때 문이 닫혀 있는 경우가 없는지 성령의 깨우쳐 주심을 기다려 보자. 마음에 들리는 음성이 있는가. 적어 보자. 그리고 기도하자.

Lesson 7

중년의 위기와 기도

시편 25:1~22

마음의 문을 열며

우리는 지금 남에게 다 털어 놓을 수 없는 고통을 안고 하나님 앞에 엎드려 흐느끼며 부르짖는 사람을 보고 있다. 40대에 접어든 중년의 남자, 즉 다윗 자신이다. 기도로 시작해서 기도로 끝나는 이 시를 보면, 그는 죄로 인해 근심하고 신음하며 수치를 당하지 않을까 하는 두려움에 떨고 있다. 요즘 세상에도 이와 비슷한 중년들이 많다. 그래서 본문이 남의 일 같지 않고, 나 자신이 마치 다윗이 된 것처럼 느껴지는 사람들이 있을 것이다.

말씀의 씨를 뿌리며

1 이 시를 다윗이 중년의 나이에 쓴 것이라고 추측하는 이유는 7절 때문이다. 그것이 무엇인가?

2 중년을 맞은 사람이 위기를 당하면 똑같은 고통이라도 몇 갑절 더 무겁고, 아프고, 두렵게 느껴진다고 한다. 여러 가지 이유를 들 수 있겠지만 당신이 가장 중요하다고 생각하는 것을 말해보라.

3 중년에 일이 잘못되면 왜 젊은 시절의 죄들이 생각날까? (참고/ 시편 25:11~18; 욥기 13:26)

4 사람이 나이 들어 어려움을 당하면 우선 심리적으로 외로워지고 걱정이 많아진다. 16~17절을 가지고 검토하라.

5 젊었을 때는 남부끄럽다는 생각을 별로 하지 않고 행동한다. 그러나 나이가 들면 조심성이 많아진다. 망신당하지 말아야 한다는 강박관념에 사로잡힌다. 나중에는 가족을 보는 것조차 부끄러워지는 경우도 생긴다. 본문에서 다윗이 이런 감정을 어떻게 하소연하는지 찾아보라. (2~3, 20절)

6 '수치를 당하지 말아야 한다'는 불안 때문에 시달려본 경험이 있는가? 말해보자. 자신의 이야기가 없으면 주변에서 본 사례를 들어 보자.

7 중년의 심리적인 위기는 극복할 수 있다. 1, 3, 5, 15, 21절에서 똑같이 강조하고 있는 내용이 무엇인가를 찾아보라. 그리고 그것이 어떻게 위기를 극복하는 비결이 될 수 있는지 생각해보자.

8 우리 영혼이 주를 앙망하는 방법 가운데 가장 확실하고 안전한 것은 무엇인가? (4~5, 9절)

9 우리 집안과 이웃, 그리고 직장에는 하나님을 모르기 때문에 나이들면서 찾아오는 심리적인 위기를 잘못된 방법으로 처리하고 있는 자들이 너무 많다. 그들과 비교해 볼 때, 당신은 외롭고, 근심에 짓눌리고, 불안이 떠나지 않을 때 어떤 방식으로 하나님을 앙망하는가? 그때마다 어떤 도움을 받는가?

삶의 열매를 거두며

현대 사회에서 점점 약해지고 쫓기는 중년의 남녀들을 돕기 위해서는 우리 자신이 건강해야 한다. 날마다 하나님을 앙망하면서 그의 긍휼하신 손으로부터 새 힘을, 용기를, 자신감을 공급받지 않으면 안 된다. 그렇게 하기 위해 다시 한번 우리의 경건 생활을 점검하자. 구멍이 나지는 않았는지, 물이 새고 있지는 않는지 자세히 살펴보자. 그리고 특별히 결심하고 실천해야겠다고 생각되는 것이 있으면 적어 보자.

Lesson 8

억울한 자의 하소연

시편 26:1~12

마음의 문을 열며

다윗이 언제, 무슨 동기로 26장을 기록했는지는 확실하지 않다. 그러나 전체 내용의 흐름을 보면 매우 억울한 일을 당하여 가슴이 답답하여 하나님의 옷자락을 붙잡고 하소연한 것처럼 보인다. 억울하다는 감정은 하루에도 몇 번씩 느낄 수 있는 심리적인 피해의식이다. 예수 믿고 거룩하게 살려는 사람일수록 이런 감정의 파고(波高)는 높을 수 있다.

말씀의 씨를 뿌리며

전체를 다시 한번 조용히 읽어 보라. 부끄럽다는 생각이 들든지 거부반응이 일든지 둘 중 하나일 것이다. 자신의 느낌과 그 이유를 말하라.

1 1절의 말씀이 전체를 이해하는 데 열쇠가 된다. 중요하다고 생각되는 내용을 두 가지만 지적하라.

2 다윗은 무엇을 가지고 완전함에 행하였다고 하는가? (4~5절)

3 어떻게 보면 '흠 없이 살았다'는 다윗의 말은 옳지 않은 것 같다. 다윗의 생애를 잘 알고 있는 우리가 보면 약간 건방지다는 생각까지 든다. 그러나 본문의 흐름을 잘 살펴보면 다윗의 심정을 이해할 수 있게 된다. 그는 죄를 지은 적이 없다고 주장하는 것이 아니라, 무엇인가 억울하게 뒤집어 쓴 누명에 대해 자신의 결백을 하소연하고 있다. 누구나 모함을 당하거나 잘못한 일이 없는데 큰 손해를 당하면 억울하다

는 말이 튀어나오기 마련이다. 당신도 이와 비슷한 경우를 당해보지 않았는가?

4 다윗은 자기가 여호와를 의지한 사실을 무엇으로 증명하고 있는가? (6~8절)

5 의지한다고 하면 그는 거짓말쟁이이다. 지금도 우리는 눈으로 보고, 손으로 만지고, 귀로 듣고, 마음으로 느낄 수 있는 하나님의 성소가 있다. 그것은 바로 교회이다. 교회 안에는 한 몸이 된 형제 자매들, 거룩한 예배, 사랑의 교제, 함께 지고 가야 할 십자가, 서로 격려하며 힘써야 할 경건생활, 그리고 모든 족속을 그리스도의 제자로 삼아야 할 소명이 있다. 이 모든 것을 사랑해야 비로소 하나님을 의지하는 사람이라 할 수 있다. 이 점에 대해 당신은 부끄러움이 없는가?

6 다윗이 말하는 '완전함에 행함'과 '여호와를 의지함'은 마치 두 돌판에 기록된 십계명을 연상시킨다. 첫 돌판에는 하나님과의 관계에서 지켜야 할 네 계명이 적혀 있고, 두 번째 돌판에는 이웃과의 관계에서 지킬 여섯 계명이 기록되어 있다. 다윗이 완전하게 행했다는 것은 어느 돌판에 해당하며, 여호와를 의지하였다는 것은 어느 돌판에 해당한다고 할 수 있는가? 그리고 그 이유를 설명해보라.

7 다윗은 왜 자신이 악한 자들과 똑같이 취급되는 것을 원치 않았을까? 왜 그들과 같은 방식으로 생을 마무리하는 것을 두려워했을까? (9절)

8 하나님의 자녀에게는 긍지가 있다. 거룩하고 보람된 삶을 살고 있다는 긍지이다. 한걸음 더 나아가서는 잘 죽을 수 있다는 긍지이다. 삶의 긍지와 함께 죽음의 긍지를 가지고 있는 것이 예수의 사람들이다. 빌립보서 1장 20~21절을 읽고 이 진리를 설명해보라.

9 우리 중에는 예수 믿는다고 하면서 멸시 당하거나 웃음거리가 되어 죽고 싶은 사람은 아무도 없을 것이다. 그런 수치스러운 죽음은 예수께서 강도들과 함께 십자가에 달려 죽으시면서 우리에게서 멀어졌다. 우리는 거룩한 죽음, 하나님의 이름을 존귀케 하는 죽음, 감사와 찬양으로 충만한 죽음, 사람들로 하여금 하나님의 영광을 보게 하는 죽음을 맞이해야 한다. 죄인이나 살인자처럼 인생을 부끄럽게 마무리해서는 안 된다. 당신에게 이와 같은 굳은 결의가 있는지 살펴보라.

삶의 열매를 거두며

적어도 한 번은 하나님 앞에 달려가 억울하다는 소리를 할 수 있어야 한다. 그래야 하나님의 자녀답게 사는 사람이라 할 수 있다. 억울하다는 하소연을 할 여지가 전혀 없는 신앙 생활, 이것은 틀림없이 실패작이라 할 수 있기 때문이다. 당신은 이 말에 동의하는가?

Lesson 9

누구를 두려워하리요

시편 27:1~14

마음의 문을 열며

현대 심리학자들은 사람을 괴롭히는 근원적인 공포를 네 가지로 분류한다. 가난의 공포, 고통의 공포, 실패의 공포, 죽음의 공포가 바로 그것이다. 사람이면 누구나 크고 작은 차이는 있으나 예외없이 이런 공포들을 마음 구석에 숨겨둔 채 세상을 살아가고 있다. 경우에 따라 그 가운데 한두 가지 공포가 해일이 덮치듯 우리를 휩쓸고 지나가게 된다. 다윗은 지금 고통, 실패, 죽음이라는 삼중고의 공포를 가슴에 안고 하나님을 찾고 있다. 그에게서 나의 모습을 비쳐볼 수 있지 않을까? 하나님은 그를 어떻게 치료하셨는지 살펴보자.

말씀의 씨를 뿌리며

1 다윗은 위기에 처할 때마다 하나님을 어떤 분으로 믿어 왔는가? (1절)

2 다윗은 하나님 때문에 두렵지 않다고 큰소리치고 있다. 심지어 적에게 포위당해도 무섭지 않다고 장담한다. 믿음이 강하면 두려움이 없어진다고 하는데, 당신도 그의 말이 사실이라고 생각되는가? (1~3절)

3 하나님의 자녀는 생의 공포에서 완전히 초연할 수는 없다 할지라도 공포를 다루고, 그것을 최소화하는 능력은 가지고 있다. 그래서 공포의 날카로운 손아귀에서 자신을 지킬 수 있는 것이다. 이것이 세상 사람과 크게 다른 점이다. 그렇게 되기 이해 우리가 명심해야 할 것인 무엇인지 다윗을 통해 세 가지를 배울 수 있다. 첫 번째는 믿음의 고백을 바로 해야 한다. 1~3절에서 그가 믿음을 어떻게 고백하고 있는가 살펴보라.

4 믿는다는 것과 느낀다는 것이 반드시 일치하는 것은 아니다. 다윗이 두려워하지 않는다고 말하는 것은 신앙적인 고백이지만, 이것이 전혀 두려움을 느끼지 않는다는 의미는 아니다. 무서워하는 감정이 있어도

입으로는 믿음을 고백해야 한다. 참된 믿음이라면 감정의 지배에 좌우되지 않아야 하는 것이다. 그러므로 느낌이 어떠하든지 간에 믿는 바를 입으로 말하는 것이 중요하다. 공포에 대해서도 이 원리를 그대로 적용된다. 이 점에 대해 각자의 생각을 나누어보라. (참고/ 하박국 3:16~19)

5 다윗이 평소에 바라던 한 가지 소원이 무엇인가? 그리고 이런 소원을 가진 자는 어떤 은혜를 받을 수 있는가? (4~6절)

6 두 번째로, 두려움을 다스리거나 최소화하려면 하나님을 향한 사랑을 뜨겁게 유지해야 한다. 왜 그럴까? (참고/ 요한복음 14:21; 사도행전 27:23~24)

7 다윗이 하나님께 간절히 부르짖는 기도 내용은 무엇인가? 7~12절을 가지고 그 핵심을 말해보라.

8 두려움을 최소화시킬 수 있는 세 번째 비결은 큰소리로 기도하는 것이다. 힘을 다해 부르짖는 기도를 하고 난 후, 말로 다 할 수 없는 평안이 마음을 지배하는 경험을 한 일이 있는가?

9 다윗은 마치 부모로부터 버림을 받은 것처럼 말하고 있지만, 사실은 당시 그의 부모 형제도 그와 함께 정치 망명을 해서 고통을 나누고 있었다. 그러므로 이 내용은 비유적으로 보는 것이 좋다. 그가 처한 상황이 너무 절박한 나머지 아무리 가까운 사람이라도 자신을 도와줄 수 없다는 것과, 오직 하나님만이 소망이라는 말을 그렇게 표현한 것이다. 당신도 다윗처럼 고백할 수 있겠는가? (10절, 참고/ 사무엘상 22:1~2; 시편 118:8~9; 이사야 49:15~16)

10 하나님을 뜨겁게 사모하는 마음과 아무것도 두렵지 않다는 믿음을 고백한 다윗은 그 누구도 흔들 수 없는 확신을 가지게 되었다. 하나는 반드시 산다는 확신이고, 다른 하나는 공포에 떨고 있는 자들을 격려할 수 있다는 확신이다. 13~14절을 가지고 이 사실을 검토하라.

삶의 열매를 거두며

마음에 숨기고 있는 두려움이 있으면 솔직하게 내어 놓고, 우리가 두려움으로부터 자유롭기 위해서 오늘 배운 말씀 중에 어느 것을 적용해야 하는지 말해보라. 그리고 서로를 위해 기도하자.

Lesson 10

주께서 내게 잠잠하시면

시편 28:1~9

마음의 문을 열며

믿음이 좋은 사람에게도 위기는 온다. 또한 하나님을 무척이나 사랑하는 자에게도 절망은 찾아온다. 그러나 그들에게는 그러한 위기와 절망이 하나님의 성실하심과 능력과 부요를 한 발 더 가까이 가서 들여다 보는 기회가 된다. 다윗이 이 사실을 얼마나 멋지게 입증하고 있는가? 손을 들고 부르짖은 지 얼마 되지 않아 그는 크게 기뻐하며 찬송하고 있다. 이런 데서 사는 맛이 나는 것이 아닐까? 신앙 생활 자체가 일종의 모험이라고 가정한다면 말이다.

말씀의 씨를 뿌리며

1 '이러다가는 큰일 나겠다', '죽을지도 모른다'라는 생각이 밤낮없이 마음을 조이면 이것은 분명히 위기임에 틀림없다. 정신적 파산상태에 직면해 있다고 해도 과언이 아니다. 다윗은 지금 그러한 궁지에 빠져 있다. 무엇을 보고 알 수 있는가? (1~2절)

2 믿음의 사람에게 하나님의 계속되는 침묵과 점점 악화되어가는 상황은 곧 죽음을 의미할 수 있다. 마치 무덤에 내려가는 것 같은 절망, 그리고 믿지 않는 자들과 별반 다를 것 없어 보이는 초라한 모습이 주는 부끄러움으로 이중 삼중의 죽음을 맛보게 된다. 당신에게 이러한 죽음의 체험이 있는가? 그때 당신의 믿음은 어느 정도로 흔들렸는가?

3 손을 들고 부르짖었다는 것은 온몸으로 기도했다는 의미와 같다. 요즘 말로 몸짓 언어(body language)를 사용했다는 말이다. 기도 중에 손을 들고 부르짖는 것은 승복의 자세라 할 수 있다. 그것은 응답을 갈망하는 태도일 수 있다. 자신에 대한 철저한 포기와 응답을 향한 갈망은 하나님 앞에 무릎을 꿇을 때마다, 특히 매우 중요하고 다급한 요청을 할 때마다 빼놓을 수 없는 기도의 요소이다. 마태복음 15장 22~28절을 읽고 이 두 가지 요소에 대해 검토해보라.

4 우리의 신앙 생활에서 응답을 제대로 받지 못하는 것은 기도하는 우리의 태도에 문제가 있기 때문이라고 생각하지 않는가? 당신의 경우를 예로 들어 대답해보라. (참고/ 누가복음 11:5~13)

5 다윗은 자신이 하나님을 모르는 악인들과 동일하게 취급당하는 것을 견딜 수 없는 모욕으로 느꼈다. 당신에게도 이러한 자존심이 살아 있는가? 특히 어느 경우에 하나님께서 당신을 세상 사람과 다르게 취급해 주시기를 원하는가? 건강, 가정, 생업, 안전, 죽음 등. (3~5절)

6 하나님께서는 무덤에 내려가는 자처럼 사력을 다해 부르짖는 자의 기도를 외면하시지 않으신다. 다윗은 이 사실을 어떻게 간증하고 있는가? (6~7a절)

7 응답을 받자마자 다윗의 태도는 어떻게 달라졌는가? 2절과 7b~8절을 비교하면서 살펴보자.

8 신앙생활을 항상 손들고 부르짖는 것으로 일관해서는 안 된다. 왜냐하면 그것은 갈멜산에서 자기 신의 이름을 부르고 해가 지도록 부르짖었던 바알의 제사장과 다를 바가 없기 때문이다. 죽은 신을 섬기는 자는 영원히 오지 않을 응답을 기다리며 날마다 부르짖는다. 그러나 우리는 살아 계신 하나님께 기도하는 자들이다. 신앙생활의 묘미는 놀라운 응답을 체험하는 데 있다. 당신은 어느 쪽에 더 치중하는가? 부르짖는 쪽인가, 아니면 찬송하는 쪽인가?

9 생활이 너무 안정되어 있어서 부르짖을 일이 없는 것도 믿는 사람에게는 비극일 수 있다. 다윗처럼 기뻐하며 찬송하는 은혜를 맛보기 어려울 것이기 때문이다. 이럴 때는 어떻게 하는 것이 좋다고 생각하는가? (참고/ 잠언 30:7~9)

삶의 열매를 거두며

9절의 말씀을 암송하자. 그리고 그 내용을 가지고 통성으로 기도해보자.

Lesson 11

여호와의 소리

시편 29:1~11

마음의 문을 열며

저자는 하늘과 땅을 향하여 여호와 하나님을 경배하라고 촉구하고 있다. 왜냐하면 하나님은 자신이 지으신 만물 가운데 스스로를 나타내고 계시기 때문이다. 창조자 하나님을 알기 원하는 자는 자연 만물을 통해 그의 영광과 능력을 얼마든지 볼 수 있고, 그 위엄에 찬 음성을 어디서나 들을 수 있다. 파도 치는 바다, 번개와 뇌성이 진동하는 광야 그 어디에나 하나님은 계신다. 어찌 우리가 그를 찬송하며 굽혀 경배하지 않겠는가?

말씀의 씨를 뿌리며

1 '권능 있는 자'는 본래 '신들의 아들'이란 의미로 하나님을 모시고 수종 드는 천사들을 가리킬 수도 있고, 하나님을 섬기는 거룩한 성도를 가리킬 수도 있다. 하늘에 있는 자나 땅에 있는 자나 모두 하나님께 영광을 돌려야 한다는 점에서 어느 해석을 따르든 큰 문제는 아니라고 본다. 1~2절의 내용을 검토하고 그 요점을 정리하라. (참고/ 시편 89:6, 96:7, 110:3; 빌립보서 2:10~11)

2 3~9절에는 '여호와의 소리'가 일곱 번이나 반복해서 나온다. '7'이란 숫자는 성경에서 완전함을 나타내는 대단히 중요한 의미를 가지고 있다. 여호와의 영광과 능력을 나타내는 소리가 완전하다는 것은 무엇을 이야기하는 것일까? (참고/ 시편 68:34, 72:19, 104:31; 이사야 43:8, 66:11; 로마서 11:36; 역대상 29:12; 욥기 26:14; 다니엘 7:14)

3 여호와의 소리가 물 위에 있다는 말은 무엇을 가리키는 것일까? (3~4절, 참고/ 욥기 37:2~5; 요나 1:4, 9절)

4 5~7절의 내용은 여호와의 능력과 영광에 대해서 말하고 있다. 어디에 임하는 여호와의 소리인가?

5 레바논과 시룐은 나라 이름들이다. 시룐은 레바논과 나란히 붙어 있는 시돈 사람들의 땅이었다. 하나님은 이스라엘 서쪽의 지중해 바다를 마음대로 명령하실 뿐 아니라, 북쪽에 자리잡고 있는 나라들을 호령하시는 만유의 주가 되신다. 레바논은 자국산 백향목을 가지고 자주 거드름을 피웠다. 주요 수입원이었던 그 목재는 이미 질 좋기로 국제적으로 명성이 나 있었기 때문이다. 그래서 성경에서 레바논의 백향목은 교만의 상징으로 묘사되고 있다. 그러나 여호와의 소리가 한번 울리면 꺾인 그 나무는 우매한 송아지같이 이리저리 뛰게 된다. 이 말은 무슨 의미인가? 그리고 그런 일이 역사적으로 나타난 예를 한두 가지를 들어보라. (참고/ 이사야 2:12~13; 다니엘 8:8, 21절; 스가랴 9:6~7)

6 8~9절을 보라. 어디에 힘있게 임하시는 여호와의 소리를 노래하고 있는가?

7 이스라엘은 광야를 가르고 우렁차게 임하시는 하나님의 소리를 잘 아는 백성이었다. 조상들이 시내광야를 통과하면서 수없이 보고 들은

일들이기 때문이다(가데스는 이스라엘의 남쪽 사막 지대를 가리킨다). '진동하신다'는 춤을 추게 한다는 뜻이고, '낙태하게 하신다'는 새끼를 낳게 한다, 혹은 진통을 하게 한다는 뜻이다. 우렛소리와 번개, 폭풍을 통해 하나님의 소리가 광야를 진동시키면 모든 것이 춤을 추듯 흔들리고 놀란 짐승들이 부르짖는다. 무법천지나 다름없는 광야에서조차 능력 있는 하나님의 소리를 견딜 수 있는 것은 없다. 이와 같은 하나님의 능력을 보고 있는 거룩한 백성들은 목소리를 높여 뭐라고 찬송하는가? (9절, 참고/ 출 19:16~19)

8 우리가 자연 현상을 주의 깊게 살피면 어디서나 하나님의 능력과 영광을 볼 수 있다. 그럼에도 불구하고 사람들이 왜 이토록 완악하고 하나님을 두려워하지 않는 것일까? (참고/ 로마서 1:20~23)

9 바다와 광야를, 그리고 국가를 호령하시는 영광의 하나님께서는 그 능력으로 사랑하는 자기 백성을 어떻게 돌보시는가? (11절)

삶의 열매를 거두며

모든 능력은 하나님께 있다. 우리가 힘을 얻기 위해서는 오직 그만을 앙망해야 한다. 이사야 40장 28~31절을 함께 읽고 다시 한번 그가 주시는 새 힘을 얻기 위해 마음을 열고 기도하자.

Lesson 12

아침에 찾아오는 기쁨

시편 30:1~12

마음의 문을 열며

병은 우리를 슬픔에 빠뜨린다. 남에게 신세를 지고 경제적으로 쪼들리게 되면 극도로 의기소침해질 뿐 아니라 가책과 두려움이 엄습하고 하나님이 멀리 계시는 것 같은 고독을 맛보게 된다. 더욱이 한 번 든 병이 쉽게 낫지 않으면 믿음마저 갈대처럼 흔들리기도 한다. 그래서 병드는 것을 아무도 바라지 않는다. 그러나 죽을 줄 알았던 병에서 살아난 사람의 환희와 행복감은 병을 앓는 어두운 수렁에 빠져보지 않은 사람은 절대로 알 수 없다. 다윗은 지금 그 환희를 우리에게 전하고 있다. 너무나 아름다운 고백이다. 가슴을 열고 우리도 그 세계로 들어가 보자.

말씀의 씨를 뿌리며

1 다윗은 주저하지 않고 하나님이 자신을 고치셨다고 고백한다. 우리도 이와 같은 고백을 할 수 있으려면 어떤 신앙과 태도를 가질 때 가능하다고 보는가? 우연히 낫는 병도 있고, 의술과 약이 좋아서 생명을 건지는 일도 흔한 세상이 아닌가? (2절, 참고/ 사도행전 17:25; 출애굽기 15:25; 야고보서 5:14~16)

2 병을 모르고 세상을 사는 사람보다 앓기도 하고 고침을 받기도 하면서 주의 긍휼을 체험한 사람이 하나님을 더 뜨겁게 찬송할 수 있다. 자기만 찬송하는 것이 아니라 주위의 사람들까지 찬송하게 만들기 때문이다. 4~5절을 놓고 이 사실을 생각해보라.

3 5절의 말씀은 경건한 성도들에게 무척이나 사랑 받는 구절이다. 한번 외워보라. 그리고 그 의미가 무엇인지 말하라.

4 "그의 노염은 잠깐이요 그의 은총은 평생이로다 저녁에는 울음이 깃들지라도 아침에는 기쁨이 오리로다"라는 구절은 대단히 많은 의미를 담고 있다. 중요한 것은 우리가 이 말씀대로 믿느냐 하는 점이다. 하나님은 얼마든지 그렇게 하실 수 있는 분인데, 혹시 우리의 믿음이 약해서 이 은혜를 많이 체험하지 못하는 것이 아닐까? 이 말씀이 과연 진리라고 할 만한 체험이 있다면 간증해보라. 또한 잘 믿어지지 않는 사람이 있다면 어떤 이유 때문인지 솔직히 털어놓아 보라.

5 다윗같이 위대한 믿음의 사람도 젊고 건강하며, 무엇이든 손대는 일마다 잘 풀리는 것을 보자 자기도 모르게 아주 건방진 착각에 빠진 일이 있었다. 그것이 무엇인가? 그리고 왜 그의 생각이 잘못이었다고 할 수 있는가? (6~7a절)

6 하나님은 교만한 자를 대적한다. 자기 자신을 하나님처럼 믿는 자를 가만히 두지 않으시는 것이다. 그 결과 다윗은 어떻게 되었는가? (7a 참고/ 3절)

7 병이 나자 제정신이 번쩍 든 다윗이 울부짖으며 떼쓰다시피한 기도는 무엇인가? 그리고 죽을 줄 알았던 병상에서 기적같이 회복된 것을 다윗은 어떻게 묘사하고 있는가? (8~11절)

8 그는 하나님께서 자기를 살려 주신 목적을 무엇이라고 보았는가? (12절)

9 누구든지 중병에서 회복되면 제2의 인생을 살게 된다. 어떤 사람은 '덤으로 사는 인생'이란 말도 한다. 사선을 넘나드는 체험을 하면 생의 의미도 목적도 이전보다 더 고상하고 영적으로 바뀌게 된다. 당신은 어떤가? 병이나 출전(出戰), 혹은 사고로 죽을 고비를 넘긴 다음 삶의 자세가 달라졌는가, 아니면 그 반대로 더 세상적으로 되어 버렸는가?

삶의 열매를 거두며

하나님을 찬송하는 것은 치유의 은혜를 맛본 사람이나 그렇지 못한 사람이나 평생 최선을 다해야 할 최상의 일이다. 우리는 하나님이 너무 좋아도 찬송하고, 그를 기쁘게 하기 위해서도 찬송한다. 생활 속에서 당신은 어떻게 찬송하고 있는지 말하라. 또한 이제부터 더 잘하기 위해 마음자세를 바꿔야 할 것은 없는지 말하라.

Lesson 13

그리하여도 나는 주께 의지하리

시편 31:1~24

마음의 문을 열며

다윗이 어떤 처지에서 31편을 기록했는지는 정확히 알 수 없다. 그러나 본문의 내용으로 보아 대단히 위급하고 답답한 형편에 처했다는 것은 의심할 여지가 없어 보인다. 그는 우리와 똑같이 불안해하고, 답답해하고, 울부짖고, 분노하는 나약한 인간이었다. 하지만 그가 위대한 인물이라는 사실은 고난을 당할수록 더 찬란한 광채를 발하는 그의 믿음에서 입증되고, 하나님을 믿는 자는 무엇이 다른가를 똑똑히 보여주는 데서 더욱 돋보인다. 하나님께로 피하고, 찬송하고, 기도하고, 확신하고, 소망하는 그 모습을 보면서 우리 역시 보통 사람들과 똑같으면서도 확실히 다른 면이 있어야 하지 않을까?

말씀의 씨를 뿌리며

1 다윗의 어려운 형편을 이해하기 위해 9~13절을 먼저 살펴보는 것이 좋겠다. 그의 고통이 절실하게 표현된 말들을 다 적어보라. 무엇을 알 수 있는가?

2 다윗은 자기 처지가 목이 죄듯 답답해질수록 피할 곳은 오직 하나님뿐이라고 고백한다. 하나님을 자기가 피할 곳으로 묘사하기 위해 그가 사용한 비유들을 찾아 적으라. (1~4절)

3 아무리 답답하고 위급해도 오직 하나님만 바라보겠다는 다윗의 결심을 14절에서는 어떻게 표현하고 있는가? (참고/ 에스더 4:13~16; 다니엘 3:16~18)

4 눈앞의 상황이 어떻게 전개되든지 하나님만이 나의 산성이요, 내가 피할 곳은 그분밖에 없다고 공언하는 신앙을 갖는 일은 쉬운 일이 아니다. 하나님이 누구신가를 자주 체험한 사람이라야 그런 요지부동의 신앙 자세를 지킬 수 있다. 다윗은 이미 하나님께 피할 때마다 여러 번 놀라운 은혜를 체험한 사람이었다. 그가 체험하고 확신한 것이 무엇인가? 특히, '보시고' '아셨으며' '세우셨도다' 등의 단어가 주는 은혜는 무엇이라고 생각하는가? (7~8절)

5 하나님은 특별히 자기 자녀가 고난 중에 있을 때 가까이 다가오신다. 하나님이 세우시는 '넓은 곳'은 무엇일까? 경험한 좋은 예가 있으면 말해보라. (참고/ 욥기 36:16; 마태복음 11:28~30; 고린도후서 3:17)

6 다윗은 15~18절에서 하나님의 구원을 간절히 간청하다가 19~22절에서 다시 한번 놀라운 신앙고백을 하고 있다. 이것은 분명히 과거의 많은 고난을 통해 그가 체험한 바 있는 하나님의 도우심을 새삼스레 회상하면서 찬송하는 것임에 틀림없다. 그 내용이 무엇인가?

7 19절에서 '주께 피한다'는 것은 '주를 두려워하다'는 의미를 가지고 있다는 것을 알 수 있다. 이 두 말이 통하는 이유가 어디에 있다고 보는가?

8 하나님은 자기에게 피하는 자를 사람들의 음흉한 꾀와 다툼에 빠지지 않도록 어떤 방법으로 도우시는가? "주님이 그때 도와주시지 않았다면 그 사람에게 속아서 큰일날 뻔 했어요"라고 이야기하는 자들을 가끔 본다. 당신에게도 이런 간증거리가 있는가?

9 우리가 험하고 악한 이 세상에서 안전하게 살기 위해 항상 마음을 다해야 할 일이 무엇인가? (22~24절)

삶의 열매를 거두며

'성실한 자'는 어떤 위기에서도 하나님을 두려워하고, 신뢰하고, 사랑하는 자를 가리킨다. 위기로부터 하나님의 보호와 인도를 받고 싶으면 평안할 때부터 성실한 자가 되어야 마땅하다. 하나님 앞에 당신의 마음가짐은 성실하다고 생각하는가? 그 근거를 말해보라.

Lesson 14

허물을 사함 받은 자의 복

시편 32:1~11

마음의 문을 열며

악한 세상에 몸을 담고 살면서 죄를 전혀 짓지 않고 사는 생활은 불가능할 것이다. 행동으로 잘못하지 않을지라도 생각으로 감정으로 우리는 하루에도 수십 번씩 악의 늪으로 빠져들 수 있다. 게다가 우리는 본의 아니게 큰 악을 용납하는 범죄를 저지를 수도 있다. 따라서 수시로 회개하고 용서받는 일은 우리의 영적 건강과 기쁨을 위해 빼놓을 수 없는 필수 요건이다. 이 시에서 다윗은 죄를 범한 다음 어떻게 하는 것이 사는 길이요, 복을 받는 길인지 자기 체험을 들려주고 있다. 자신이 죄를 전혀 짓지 않는다는 교만한 생각을 하지 않는 사람이라면 누구나 그의 고백이 우리 모두의 고백임을 느낄 수 있을 것이다.

말씀의 씨를 뿌리며

1 처음 두 절을 주의해서 읽으라. '허물', '죄' 그리고 2절의 정죄라는 말 안에 들어 있는 '죄'는 각각 다른 의미를 가지고 있다. '허물'은 하나님의 권위를 대적하는 반역을 의미하고, '죄' 는 하나님이 정해 놓으신 표준에 미치지 못하는 불완전을 의미하며, 2절의 '죄' 는 하나님이 가라고 하신 바른 길에서 탈선한 것을 의미한다. 세상에서 가장 큰 복은 우리의 모든 죄를 사하시는 하나님의 용서를 체험하는 일이다. 본문에 나타난 용서는 불신자들이 회개하고 돌아와 받는 칭의의 복이라기보다는 하나님의 자녀 된 자들이 죄를 범하였을 때 받게 되는 사죄의 복을 가리킨다. 하나님께서 어느 정도로 완전히 용서하시는지 세 가지 단어를 가지고 설명해보라. (참고/ 요한일서 1:9)

2 하나님의 자녀는 용서받기 위해 무엇을 해야 하는가? 그리고 저자는 지은 죄를 숨겨 놓고 잠잠히 있을 때 어떠한 고통을 맛보았는가? (3~5절)

3 하나님의 자녀는 성령의 사람이다. 아무리 작은 죄라도 회개하지 않으면 그 영혼의 세계에 대발작이 일어난다. 성령이 탄식하시고 양심이 소리를 지르며 영과 육의 싸움이 치열해진다. 스트레스가 쌓이고 몸은 제 기능을 제대로 발휘하지 못하게 된다. 어떤 경우에는 불면증에 걸리거나 병이 나서 자리에 눕게 되기도 한다. 이와 비슷한 증세를 체험하는 사람은 하나님의 자녀라는 명백한 증거를 가졌다고 봐도 무방하다. 새 사람으로 거듭나지 않은 자들에게는 있을 수 없는 증세들이기 때문이다. 당신도 다윗과 같은 진통을 경험한 일이 있으면 말해보라.

4 6~7절을 보라. 진심으로 회개하고 용서의 기쁨을 누리게 된 저자가 자신 있게 고백하는 신앙간증이다. '주를 만날 기회를 얻어서'라는 말은 '죄를 깨달을 때에'라고도 번역할 수 있다. 용서받는 자가 누릴 수 있는 은혜가 어떤 것인가를 말하라.

5 용서받은 것을 확신하게 되면 그 믿음은 홍수가 범람해도 흔들리지 않을 것이다. 그 마음에서 샘솟는 평안, 기쁨, 용기를 아무도 빼앗아 갈 수 없기 때문이다. 당신은 이런 은혜를 체험하지 못한 채 교회를 드나들고 있지는 않은가? 만약 그렇다면 당신은 전혀 죄를 짓지 않는 사람이든지, 회개하고 용서를 받지 못한 사람이든지 둘 중의 하나일 것이다. 당신의 심정을 진지하게 말해보라.

6 믿는 사람은 불신자들처럼 완악하면 안 된다. 죄를 범하고도 아무 일이 없었던 것처럼 행동하거나 성령이 마음의 고통을 통하여 회개하도록 인도하시는데도 순종하지 않고 버티면 짐승과 다를 바가 없지 않은가? 하나님은 우리에게 완악한 자가 되지 말아야 한다고 경고하신다. 8~10절을 가지고 검토하라.

7 '악인에게는 많은 슬픔이 있다'는 하나님의 말씀에서의 '슬픔'은 어떤 슬픔을 뜻하는 것일까? 하나님을 두려워할 줄 모르고 죄를 범하는 자들이 당하는 슬픔이란 과연 어떤 것일까? (참고/ 로마서 1:18, 2:9; 시편 39:5~6)

8 하나님의 용서를 받고 사는 자는 의인이다. 언제나 용서를 받을 수 있는 하나님의 자녀가 되었다는 사실은 큰 기쁨과 큰 복이 아닐 수 없다. 용서받은 의인은 어떻게 살아야 하는가? (11절)

9 용서를 받은 기쁨이 있는가? 지금까지 신앙 생활을 통해 용서의 기쁨을 가장 크게 체험한 일은 언제였는가? 그때 당신이 눈물로 하나님을 노래한 찬송이 무엇이었는지 말하고, 그 찬송 가사 중 어느 구절이 가장 은혜로웠는지 서로 나누어 보라.

삶의 열매를 거두며

아직도 토설하지 못한 죄로 인해 심령의 고통을 겪고 있는 자가 우리 중에 있을 수 있다. 그렇다고 다락방에서 일일이 따질 수는 없는 일이다. 필요할 때마다 회개의 영을 달라고 기도하자. 또한 용서의 기쁨을 모르고 신앙 생활하는 비극이 없도록 서로 기도해 주자.

Lesson 15

여호와를 즐거워할 이유

시편 33:1~22

마음의 문을 열며

은혜로 구원받은 사람이 하나님을 즐거워하고 찬송하는 일은 매일의 생활에서 최우선에 두어야 할 일이다. 그럼에도 불구하고 우리들 대부분은 찬송이 사라진 마음으로 가정과 직장에서 온종일을 보내고 있다. 찬송하지 않아도 아무런 죄의식마저 느끼지 못하고 있는 것이다. 무엇이 잘못된 것일까? 이 시의 저자는 우리가 하나님을 즐거워해야 할 명백한 이유를 가르쳐 주고 있다. 먼저 우리가 왜 찬송해야 하는가를 아는 일이 중요하다. 그러면 우리 심령은 성령의 바람이 불 때마다 아름다운 소리를 낼 수 있는 수금과 비파가 될 수 있을 것이다.

말씀의 씨를 뿌리며

1 우리가 하나님을 찬송해야 할 첫째 이유는 그분의 말씀 때문이다. 하나님은 말씀하시며 말씀으로 자신을 인간에게 나타내시는 분이다. 성경에 기록된 모든 내용은 하늘에 계신 여호와 하나님이 어떻게 자기를 인간에게 말씀으로 나타내셨는가를 이야기하고 있다. 그렇다면 하나님의 말씀은 어떤 특성을 가지고 있는가? 그리고 왜 그런 특성을 가질 수 밖에 없는가? (4~5절)

2 하나님은 말씀으로 무엇을 하셨는가? (6~7, 9절)

3 하나님이 말씀으로 이루신 일을 보고 아는 자들은 어떤 마음가짐과 태도로 하나님을 대해야 하는가? (8절)

4 천지만물을 창조하시고 보존하시는 하나님 아버지를 당신은 참으로 즐거워하며 찬송하는가? 이럴 때 당신이 즐겨 부르는 찬송가는 무엇인가?

5 하나님을 찬송해야 할 두 번째 이유는 그분의 놀라운 계획 때문이다. 10~11절은 무엇이라고 말씀하는가? 역사상 세상 권력자들의 계획이 하나님이 허락지 않으셔서 수포로 돌아가 버린 예를 들어보라. 성경 중 에스더서에 나오는 모르드개와 하만의 대결이 좋은 예가 된 것이다.

6 우리가 하나님을 찬송해야 할 세 번째 이유가 있다. 그분이 인간 세상을 보고 계시기 때문이다. 여기에 대해 저자는 무엇이라고 찬양하는가? (13~15절)

7 왜 하나님이 우리 인생을 살피시고 하는 일을 굽어살피신다고 생각하는가? (참고/ 시편 14:2, 102:19~21, 139:1~4)

8 일상생활을 하면서 당신이 하나님의 눈을 가장 민감하게 의식할 때는 언제인가? 그럴 때마다 당신이 어떤 반응을 보여 왔는지 말하라.

9 우리가 하나님을 찬송해야 할 네 번째 이유는 그분의 전능하신 능력 때문이다. 16~19절을 가지고 하나님의 능력을 설명하라.

삶의 열매를 거두며

이상의 네 가지 사실만 알아도 우리는 하나님을 즐거워하고 찬송하지 않을 수 없다. 우리가 24시간 오직 하나님만을 높이고, 그분만을 사랑하며, 그분만을 즐거워한다고 해서 조금도 이상할 것이 없는 것이다. 저자가 시를 마무리하며 부르는 찬송을 우리도 함께 불러보자. 그리고 한 주간 내내 이 찬송이 우리 입술에서 떠나지 않도록 하자(20~22절).

Lesson 16

성도들아 여호와를 경외하라

시편 34:1~22

마음의 문을 열며

하나님을 경외함이 지혜의 근본이라고 한다. 경외함이라는 지혜는 안락한 생활을 통해서 배우기보다 고통스러운 사건을 겪으면서 더 잘 배우게 된다. 다윗은 이 진리를 몸소 터득한 인물이었다. 그래서 우리에게 하고 싶은 말이 많다. 어리석은 자가 되지 않으려면 그의 교훈에 귀를 기울여야 한다.

말씀의 씨를 뿌리며

1 아비멜렉은 아기스 왕을 가리키는 이름이다. 애굽의 왕들을 모두 바로라고 불렀듯이 블레셋의 왕들을 부르는 공식 명칭이 '나의 아버지는 왕이시다'라는 의미를 가진 아비멜렉이었다. 본 장의 제목을 읽고 이 시를 다윗이 쓰게 된 배경에 대해 사무엘상 21장 10~15절을 참고해서 이야기하라.

2 자칫 잘못하면 블레셋 왕의 손에서 못 빠져 나왔을지도 모를 위기에서 다윗은 어떤 기도를 하였으며, 그때 그가 받은 응답의 체험은 무엇이었는가? (4, 6~7절)

3 성도에게 고난은 종종 유익하다. 다윗처럼 고난을 통해 기도를 들으시는 하나님, 구원하시는 하나님, 위로하시는 하나님을 만날 수 있기 때문이다. 당신도 이런 하나님을 만난 일이 있는가?

4 환난 중에 부르짖자 구원하시는 하나님을 체험한 다음부터 다윗은 자신이 깨달은 진리를 될 수 있는 한 많은 사람들에게 가르치고 싶었다. 8~22절의 내용은 바로 그가 가르치고 싶었던 지혜의 말씀을 담고 있다. 그 중 처음 두 절은 전체의 내용을 요약한 주제와 같다. 하나는 체험의 중요성을, 다른 하나는 순종의 중요성을 교훈한다. 그 내용을 외우자. 그리고 깨달은 대로 설명해보라. (8~9절)

5 여호와를 찾는 자에게 허락하시는 모든 좋은 것에 부족함이 없는 은혜란 어떤 것일까? (10절, 참고/ 시편 23:1~6)

6 여호와를 경외하려면 우리가 순종해야 할 것들이 있다. 13~14절에서 그것이 무엇인지 찾아보라. 그리고 말, 선, 화평이란 용어들 사이에 무슨 연관성이 있는가를 생각해보라.

7 15~18절을 읽으라. 의인, 마음 상한 자, 중심에 통회하는 자는 여호와를 경외하는 하나님의 자녀를 가리키는 이름들이다. 그들을 향한 하나님의 자상한 태도는 어떠한가?

8 의인은 고난이 많다는 19절의 말씀을 묵상하고 느끼는 바를 말해보라. 왜 의인은 고난을 각오하고 살아야 할까? 왜 하나님은 자기를 경외하는 의인을 고난에서 면제시켜주지 않으실까? 또 고난을 당하되 낙심치 말아야 되는 이유는 무엇인가? (참고/ 디모데후서 3:12~13; 고린도후서 4:16~17)

9 하나님께서 우리의 모든 뼈를 보호하신다는 20절 말씀은 완전하고 철저히 보호하심의 비유적인 표현이다. 이것은 세상에서 조금도 피해를 보지 않게 하겠다는 보장이 아니다. 왜? 믿음이 좋은 사람도 이런 저런 고통을 당하는 일이 많기 때문이다. 그러면 완전하게 보호해 주신다는 약속은 무엇을 의미하는 것일까? 당신의 생각을 말해보라. (22절)

삶의 열매를 거두며

하나님은 우리의 육과 영을 다 보호하신다. 어느 때는 육보다 영을 더 중시하신다. 그래서 육신의 보호를 바라는 우리의 요구를 묵살하고 영혼의 안전을 기하실 때가 자주 있다. 당신에게 이런 경험이 있는가? 있으면 말해보라. 또한 하나님의 판단이 우리의 것보다 얼마나 더 지혜로우시며 완전하신가에 대해서도 말하라.

Lesson 17

친구가 원수로 변할 때

시편 35:1~28

마음의 문을 열며

고금을 막론하고 사랑을 버리는 자, 우정과 신의를 배신하는 자들은 어디나 있어 왔다. 배신당한 마음에는 깊은 상처가 남는다. 그 상처는 오랫동안 아물지 않고 마음에 고통을 준다. 이것은 아마 가장 견디기 어려운 고통 중의 하나가 아닌가 한다. 저자 다윗은 이 고통을 안고 하나님을 향하여 부르짖고 있다. 우리 중에도 비슷한 아픔을 안고 오랫동안 시달린 자들이 있을 것이다. 저자에게 배울 점이 무엇인가를 성령의 인도를 따라 검토해보자.

말씀의 씨를 뿌리며

1 다윗은 자기 생명을 해하려는 배신자들을 놓고 하나님께 무엇이라고 부르짖는가? (1절)

2 하나님께서 대신 다투시고 싸워주시기를 간구한다는 것은 다윗이 자기 손으로 원수 갚는 일을 하지 않겠다는 말과 같다. 왜 그렇게 생각할 수 있는가? (참고/ 로마서 12:19)

3 2~8절에는 자기를 배신한 원수가 어떻게 되었으면 좋겠다는 다윗의 소원이 담겨 있다. 내용을 읽고 한 마디로 요약해보라.

4 아무리 용서할 수 없는 원수라도 이처럼 저주하는 것은 하나님을 섬기는 사람의 바른 마음가짐이라 할 수 없을 것이다. 원수를 사랑하

라고 가르치신 주님의 교훈과 십자가에서 친히 원수를 용서해 달라고 기도하신 주님의 모습을 연상할 때, 저주는 우리에게 합당치 않다는 것이 너무나 자명하다. 그렇다면 다윗의 이 저주는 어떻게 정당화될 수 있는가? 억울한 일을 당할 때 인간이면 누구나 가슴에서 치밀어 오르는 본능적인 원한을 솔직하게 표현한 것으로 보아야 할까? 아니면 기름 부음 받은 자기를 대적하는 것은 곧 하나님을 대적하는 사악한 행동으로 보고 의분을 참지 못해 쏟아 놓는 의인의 탄원이라고 해야 할까? 당신의 생각을 말해보라. (참고/ 시편 109:1~5; 사도행전 13:8~10)

5 11~14절을 주의 깊게 읽으라. 그 골자가 무엇인가?

6 이 본문은 두 가지로 해석할 수 있을 것 같다. 첫째는 다윗이 자기를 미워하고 대적하는 자들을 위해 처음 얼마 동안은 사랑을 베풀려고 무척 애썼다는 말로 받아들일 수 있다. 둘째는 사이가 서로 나빠지기 전에 다윗이 얼마나 그들을 위해 주었는가를 회상하는 말로 볼 수 있다. 전후의 문맥을 보면 두 번째 견해가 더 타당한 것처럼 보인다. 요즈음 세상에서 가까운 이웃이 병 든 것을 보고 다윗이 한 것처럼 할 수 있을까? 그리고 당신은 가까운 형제가 중병에 걸려 있는 것을 보면 그의 고통을 나누기 위해 어느 정도 노력한 것 같은가?

7 종종 우리는 어떤 사람에게 형제 이상의 정을 쏟아 가며 아끼고 위해주는 경우가 있다. 그러나 상대방은 순수한 마음을 악용하여 해를 끼친 후에 등을 돌리기도 한다. 이와 비슷한 경험이 있으면 말해보라. 그때의 감정이 어떠했는가?

8 다윗은 이어서 배신자들의 음모에서 자기를 구원해줄 것을 간구한다. 22~24절의 내용을 묵상해보라. 그리고 특별히 마음에 와 닿는 말씀이 무엇인지 말하라.

9 세상이 아무리 혼탁해도 누가 옳고, 누가 그른가를 분별할 수 있는 사람들은 있기 마련이다. 비록 억울하게 당한 일일지언정 대단히 위험한 처지에 빠져 있던 다윗의 편에 서서 의를 위해 고난을 함께 나누려는 자들이 있었던 것이다. 다윗은 그들에게 하나님이 어떻게 대우해 주시기를 소원하고 있는가? 그리고 그들과 함께 자신도 무엇을 하게 되기를 간절히 바라고 있는가? (27~28절)

삶의 열매를 거두며

인생 길에는 사람을 너무 믿다가 억울한 일을 당하거나, 심한 경우에는 회복할 수 없는 피해를 입는 험한 골짜기가 종종 있다. 하지만 그때마다 다윗처럼 자기 손으로 원수를 갚으려 하지 않고 그 종의 형통을 기뻐하시는 여호와를 앙망하면서 기다리면 종일토록 우리 입에서 찬송이 끊어지지 않을 만큼 탁 트인 정상이 나타날 것이다. 당신은 이런 믿음을 가지고 있는가?

Lesson 18

악인의 악함과 하나님의 인자하심

시편 36:1~12

마음의 문을 열며

세상에는 의기양양하게 살고 있는 악인들이 얼마나 많은지 모른다. 그들에 대해 잘 알면 알수록 우리는 하나님을 찾지 않을 수 없게 된다. 저자 다윗은 이 점에서 우리에게 매우 중요한 진리를 깨우쳐 주고 있다. 악인의 악함을 바로 알자. 동시에 하나님의 인자하심도 확실히 알자. 이 둘을 비교하면 우리가 서야 할 곳이 어디인가 알게 될 것이다.

말씀의 씨를 뿌리며

1 마음이 악한 자는 하나님과 자기 자신에 대해 근본적으로 잘못된 생각을 가지고 있다. 그것이 무엇인가? (1~2절)

2 '그가 스스로 자랑한다'는 말은 자기 자신에게 아첨한다는 말이다. 악인은 스스로 자기 자신을 추켜세우기를 쉬지 않기 때문에 어떤 착각에 빠지게 되는가? (2절)

3 악인의 말, 행동, 계획은 어떤 것인가? (3~4절)

4 이토록 악한 자들이 날뛰는 세상에서 하나님의 자녀들이 마음 놓고 살 수 없다는 것은 두말할 나위 없다. 누가 스스로 자기를 보호할 수 있겠는가? 무슨 힘으로 악인들을 이길 수 있겠는가? 다윗은 눈을 들어 하나님을 향한다. 그의 도우심이 없이는 살아남을 수가 없다는 것을 알기 때문이다. 그가 아는 하나님은 어떤 분이신가? (5~9절)

5 다윗은 무엇보다도 하나님의 인자하심을 찬양하며 사모하고 있다. 5, 7, 10절을 다시 정리하라. 그리고 왜 악한 자들 틈에 살면서 특별히 하나님의 인자하심을 구하였을까 생각해보라.

6 하나님의 인자하심은 무궁 무진하신 사랑으로 우리를 잘 돌봐 주시는 그의 자비로운 태도에서 드러난다. 누구든지 심히 불쌍히 여기시는 하나님의 팔에 한번 안기기만 하면 세상에서 두려워할 것이 없게 된다. 당신은 악한 자들에게 시달려 본 일이 있는가? 그때마다 하나님의 인자하심을 맛본 경험이 있으면 말해보라. (참고/ 로마서 8:35~37)

7 악한 자들과 함께하기를 거부하고 주께 피하는 자가 얻을 수 있는 복은 무엇인가? (7~9절)

8 '복락의 강물'은 기쁨의 강물이라는 의미를 가지고 있다. 위기를 만나 하나님께 피하였을 때 가슴에서 시내가 흐르듯 기쁨이 넘치는 은혜를 체험한 일이 있는가? 특히 자신을 해치려는 자들 때문에 하나님께 간절히 기도를 드리자 얼마 안 있어 악인들이 물러가고, 풀리지 않을 것 같이 보였던 일들이 잘 해결되는 것을 본 일이 있는가? 그때 체험했던 기쁨에 대해 말해보라.

9 저자가 마지막으로 하나님께 간절히 구하는 기도의 내용이 무엇인가? (10~11절)

삶의 열매를 거두며

하나님께서는 자기의 거룩한 이름과 성실하심을 걸고 약속하신 은혜일지라도 기도라는 그릇에 담아 주기를 기뻐하신다는 사실을 우리는 잘 알고 있다. 그래서 다윗은 하나님의 인자하심이 하늘에 있고 그의 성실하심이 공중에까지 가득한 것을 고백한 다음 그 인자하심을 얻기 위해 간절한 마음으로 기도하고 있는 것이다. 우리는 이미 말씀을 통해 악인들 틈에서 수치를 당하지 않으려면 우리를 불쌍히 여기사 사랑하고 돌보아 주시는 하나님의 인자하심이 생명만큼이나 절실하다는 것을 배웠다. 주의 인자하심을 얻기 위해 앞으로 어떻게 기도해야 할지 함께 나눠보라.

Lesson 19

의인을 위한 잠언

시편 37:1~40

마음의 문을 열며

이 시편은 내용 전부가 히브리어의 알파벳 순서를 따라 만들어진 일종의 잠언 형식을 띠고 있는데, 의인이 세상에서 어떻게 사는 것이 지혜로운 것인가를 교훈하는 데 초점을 맞추고 있다. 무엇보다도 악인들이 불의한 짓을 하면서도 형통하게 살고 있는 현실적인 모순을 바로보고 이해하는 것이 중요하다는 사실을 강조하고 있다. 지혜자의 삶은 어떠해야 하는가? 인생의 밝은 면과 더불어 어두운 면까지도 알아야 한다. 그리고 의인을 이해할 뿐 아니라, 악인도 바로 알고 있어야 한다.

말씀의 씨를 뿌리며

1 진실하고 의롭게 살려고 애쓰는 자들이 잘못하면 빠지기 쉬운 함정이 무엇인가? (1절, 참고/ 하박국 1:13)

2 우리가 형통한 악인을 대할 때 반드시 가져야 할 믿음은 어떤 것인가? 2, 9, 10, 20, 22, 28. 34, 35, 38절의 내용을 검토한 다음 당신의 말로 요약해보라. 그리고 각자 이 믿음이 있는지 고백해보라.

3 세상에서 득세하고 형통하는 악인들을 보면서 그들이 반드시 심판받을 것이라는 우리의 믿음이 흔들리는 이유가 어디에 있다고 생각하는가? (참고/ 욥기 21:17~20)

4 당신의 믿음에 종종 회의를 불러일으키는 악인은 없는가? 그를 보면 하나님도 안 계시고 심판도 없다는 생각이 들 뿐 아니라, 사는 그 자체가 무척 어리석은 것처럼 보여서 당신을 처량해지게 만들지 않는가? 주변에 그런 사람이 있다면 말해보라.

5 하나님의 자녀는 아무리 모순 투성이처럼 보이는 세상이라 할지라도 하나님을 두려워하는 믿음의 생활을 잘 해야 한다. 37편에는 이에 대한 권면의 말씀이 많다. 먼저 3~9절의 말씀을 잘 읽고 여호와를 전심으로 신뢰하는 자에게 약속하시는 축복을 적어보라.

6 위에서 살펴본 축복 가운데 당신이 받은 것은 무엇인가? 어떤 경로를 통해서 받게 되었는지 간증할 수 있다면 더 큰 은혜가 될 것이다.

7 17절의 의미가 무엇인지 적어 보라. 그리고 그 말씀이 과연 진리라는 사실을 어떻게 증명할 수 있다고 생각하는가?

8 하나님은 악한 세상에서 의인을 어떻게 돌보아 주시는가? 그리고 하나님을 잘 섬긴 조상 덕에 그 후손이 복을 받는 구체적인 예가 있으면 이야기해보자. (23~26절)

9 의인이 땅을 차지한다는 말씀이 여러 번 나온다. 9, 11, 22, 29, 34절을 보라. 이 말은 실제로 세상에서 땅을 얻게 된다는 의미로 볼 수 있다. 이스라엘 사람들은 조상 대대로 하나님이 지파에 따라 분배해 주신 땅에서 살았다. 사정상 자기 땅이 다른 사람의 손에 넘어갔다 해도 언젠가는 다시 원소유주에게로 돌아오게 되어 있었다. 그러나 하나님의 말씀을 무시하는 악인들이 날뛰는 세상에서는 많은 사람이 자기 땅을 빼앗기는 억울한 일들을 당하였다. 이런 형편에서 하나님을 의지하며 의롭게 살기만 하면 결국에는 잃은 땅을 다시 차지하게 될 것이요. 나아가서는 더 많은 땅을 상급으로 얻게 될 것이라는 신앙을 갖기란 결코 쉬운 일이 아니다. 당신 같으면 그런 믿음을 가지고 고집스럽게 의인의 길을 갈 수 있겠는가?

10 의인이 땅을 차지한다는 성경의 약속에는 종말론적인 의미가 더 크다. 하나님이 세상을 심판하시는 마지막날, 영원한 나라에서 얻을 상급과 행복을 가리키는 것이기 때문이다. 이사야 60장 20~22절을 펴서 이 사실을 확인해보라.

삶의 열매를 거두며

우리가 살고 있는 현실을 보면 의로워서 형통하기보다 불의해서 치부하는 자들이 더 많다. 또 의로운 자는 빨리 죽고 악한 자는 장수하는 것 같기도 하다. 이 같은 모순을 보면서도 우리가 정말 하나님을 믿는 자라면 의롭게 살기를 고집해야 한다. 이를 위해 당신이 다시 한번 확인하고 결심하고 실천해야 할 일은 없는가?

Lesson 20

병든 자의 기도

시편 38:1~22

마음의 문을 열며

세상을 살면서 병으로부터 완전히 면제받은 사람은 없나 보다. 하나님이 그토록 사랑하시고 크게 쓰셨던 다윗 같은 인물도 여러 차례 병으로 쓰러진 것을 보면 더욱 그런 마음이 든다. 하나님 나라에 들어가기 전까지는 아무도 안심할 수 없는 것 같다. 믿음 좋은 사람이 병들면 믿지 않는 사람과 어떤 점에서 다를까?

말씀의 씨를 뿌리며

1 다윗은 병든 자기 육신의 처참함과 고통을 하나님께 자세히 아뢰고 있다. 그는 자신의 병이 어떻게 해서 생겼다고 보는가? 두 가지 요인을 말하라. (2~4절)

2 범죄한 사람을 향해 하나님이 진노하실 때 병이 생긴다고 믿는 것은 옛날이나 지금이나 경건한 신앙인들이 흔히 갖고 있는 생각이다. 이 점에 대해 당신의 견해는 어떠한가?

3 저자가 자기 몸의 각 부위마다 나타난 증상을 어떻게 표현하고 있는지 모두 정리해보라. 어느 정도로 중한 병을 앓은 것 같은가? (8~10절)

4 다윗이 지독한 병이 들어 소망이 없어 보이자 가족과 친구들은 어떤 반응을 보였는가? (11절)

5 병든 자를 버리고 떠나는 이런 일들이 있을 수 있다고 생각하는가? 가슴 아프게도 우리 사회 구석에서는 비슷한 비극이 연일 일어나고 있다. 병든 노인을, 병든 남편을, 병든 아이를 내버리고 사라지는 자들이 어디 한둘인가? 당신이 아는 예를 하나 들어 보라. 그리고 사람들이 이같이 비정한 행동을 마음대로 할 수 있는 세상이 되어 버린 것을 보는 당신의 심정을 말해보라.

6 평소에 다윗을 미워하던 자들은 어떤 행동을 취하였는가? (12, 19~20절)

7 다윗은 자기를 대적하는 자들을 보고 어떻게 대응했으며 왜 그렇게 했는가? (13~14절)

8 병들어 힘도 없고 기도 꺾인 사람이 주변에서 뭐라 하든 하나님만 바라는 태도를 취하는 것이 최선이라고 보는가? 왜 그렇다고 할 수 있는가? 밟혀도 죽은 체하고 가만히 있어야 하는 약자의 서러움을 경험한 일이 있으면 말해보라.

9 다윗은 마음속으로 걱정하고 두려워하는 일이 한 가지 있었다. 그것이 무엇인가? 왜 그것을 두려워해야 했을까? (16절)

삶의 열매를 거두며

우리 역시 병들어 초라해질 때마다 '나 때문에 안 믿는 자들에게 하나님의 영광이 가리우지 않을까' 하는 두려움이 생긴다. 어떤 점에서 우리의 질병이 하나님의 영광을 가릴 수 있다고 생각하는가?

Lesson 21

근심, 화를 담은 답답한 심정

시편 39:1~13

마음의 문을 열며

다윗은 마음이 답답해서 견디기 힘들어 할 뿐 아니라, 가슴이 타는 것 같은 감정을 억제하느라 무척 고생하고 있는 것을 볼 수 있다. 왜 그랬을까? 정확한 내용을 이야기하지 않고 있어서 단정할 수는 없지만, 나이가 들어 의기소침해진 것과 질병의 고통에서 오는 분노, 고독, 허무감 같은 감정의 소산이 아닌가 한다. 사람이라면 아무리 믿음이 좋아도 한두 번은 겪어야 하는 과정이다. 이럴 때 신앙의 사람은 어떻게 해야 할까?

말씀의 씨를 뿌리며

1 저자는 혼자 마음으로 어떤 결심을 했는가? 그리고 왜 그런 결심을 했을까? (1절)

2 말을 참으려고 하면 할수록 어떤 현상이 나타났는가? (2~3절, 참고/ 예레미야 20:9)

3 '안 그래야지' 하고 마음을 억누를수록 근심이 더 커지고, 누구를 향한 것인지도 모를 화가 치밀어 오르는 경험을 한 적이 있는가? 2~3절의 '근심', '화'라는 말을 잘 음미해보라. 그리고 언제 이런 감정을 가지기 쉬운지 말하라.

4 4~7절은 많은 성도들에게 사랑을 받는 유명한 말씀이다. 가능하면 암송하도록 하자. 이미 외우고 있다면 평소에 이 말씀을 묵상하면서 받은 은혜를 한두 가지 말해보라.

5 사람은 세상을 살면서 간혹 스스로 쉽게 속을 때가 있다. 언제 그런 일이 일어나는가? 꼭 알아야 할 것을 알지 못하는 무지로 인해, 그리고 절대로 기대지 말아야 할 것에 기대는 어리석음으로 인해 그렇게 될 수 있다. 우리에게 있어서 무지하기 쉬운 것과 기대기 쉬운 것이 무엇인지 말하라.

• 4절

• 5~6절

6 4~7절의 내용을 보면 저자가 나이 들어 인생의 무상함을 느끼고 있다는 것을 알 수 있다. 13절에서는 늙은 몸에 병까지 얻었음도 알 수 있다. 더욱이 평생 하나님을 신실하게 섬긴 자신은 늙고 병들어 고생하는 데 비해, 늙어도 힘과 건강이 넘치는 자기 주변의 악한 자들의 모습은 그의 마음을 심히 상하게 하였다. 그는 악한 자들의 형통을 놓

고 하나님을 향해 원망하는 마음과 모순이 많은 세상에 대해 화가 치밀어 오른 것이다. 우리는 여기서 그가 왜 화가 나서 견디지 못하고 있는지 그 이유를 대략 짐작할 수 있다. 당신은 이런 심정을 이해할 수 있는가?

7 현대인들이 신앙 생활하는 데 큰 장애가 되는 것이 있다면 재물욕이 아닌가 한다. 너무 지나칠 정도로 재물에 관심이 있는 것이다. 당신은 6~7절 말씀이 자신의 고백이 될 수 있다고 생각하는가? 만일 그렇다면 그 사실을 무엇으로 입증할 수 있는가?

8 병은 우리의 영을 맑게 만들고 우리의 신앙을 순결하게 하는 데 큰 도움을 준다. 자신의 경험을 가지고 이 사실을 말해보라. 특히 병으로 인해 신앙생활이 획기적으로 달라진 경우라면 좋은 간증이 될 수 있을 것이다.

9 병상에 있을 때는 체념하거나 절망하면 안 된다. 일어날 수 있다는 기대를 가지고 투병할 필요가 있다. 다윗의 투병 내용은 어떤 것이었는가? (12~13절)

삶의 열매를 거두며

우리는 너무 어리석어 젊을 때 그 젊음이 얼마나 고맙고, 건강할 때 그 건강이 얼마나 대단한 축복인가를 잊어버리고 하루하루를 넘기는 일이 많다. 건강한 날의 감사, 젊은 날의 행복을 좀더 구체적으로 감사하면서 사는 방법은 무엇이라고 생각하는가?

Lesson 22

깊은 웅덩이와 수렁에서

시편 40:1~17

마음의 문을 열며

누구나 인생을 살다 보면 기가 막혀 말이 안 나오는 깊은 수렁에 빠질 때가 있다. 위대한 사람일수록 인생의 쓰라린 체험을 더 많이 하는 것 같다. 다윗도 예외가 아니었다. 본문에서 웅덩이와 수렁이 어떤 것이었는지 밝히지 않아 우리가 잘 알 수 없지만, 매우 견디기 힘든 고통이었던 것만은 틀림이 없다. 어쩌면 우리가 나아가는 앞길에도 원치 않는 장애물이 기다리고 있을는지 모른다. 이 시간 다윗을 통해 무엇을 배우고 깨달아야 할 것인지 성령께서 밝히 인도하시기를 기다리도록 하자.

말씀의 씨를 뿌리며

1 다윗이 과거에 경험한 역경을 무슨 말로 표현하고 있는가? 이러한 표현은 어떤 경우에 사용하는지 당신의 경험을 가리고 말해보라. (2절)

2 기가 막힐 웅덩이에 빠졌을 때 다윗은 두 가지 점에서 특별한 기도를 했다. 기다리는 기도와 부르짖는 기도였다. 이런 기도에 대해 성경에서 찾을 수 있는 가장 좋은 예는 겟세마네 동산에서 드린 예수님의 기도일 것이다. 다음 구절을 읽으면서 주님이 얼마나 기다리셨으며, 어떻게 부르짖으셨는가를 살펴보자.

• 마태복음 26장 37~46절

• 누가복음 22장 39~46절

• 히브리서 5장 7절

3 구원을 받자마다 다윗의 입에서는 무엇이 나오기 시작했는가? (3절, 참고/ 9절)

4 그가 부른 새 노래의 내용을 다음 구절을 가지고 정리해보라.

• 5절

• 8절

• 10절

5 역경을 만나는 것을 좋아할 사람은 아무도 없지만, 그 속에서 응답하시는 하나님을 만나는 자는 세상에서 가장 값진 선물을 받게 된다. 그는 작은 일로나 큰 일로 항상 하나님께 감사의 노래를 할 수 있는 마음을 얻게 된다. 이 마음은 고통을 통해 하나님의 위로와 응답을 받은 체험이 없는 자에게서는 찾기가 어려운 것이다. 당신에게도 이 마음이 있다고 생각하는가?

6 6~8절을 주의해서 읽으라. 그리고 히브리서 10장 1~10절과 비교하라. 하나님께서는 다윗의 입술을 사용하여 장차 세상에 오실 하나님의 아들 예수 그리스도가 우리 죄를 위해 어떤 제사를 드리게 될 것인가를 예언하게 하셨다.

- 왜 하나님은 구약 시대의 제사를 기뻐하지 않으셨는가? (시편 40:6; 히브리서 10:4)

- 하나님의 생각을 읽으신 예수님은 다윗의 입을 빌려 무엇이라고 말씀하셨는가? (시편 40:7~8; 히브리서 10:9)

• 예수님은 하나님이 기뻐하시는 제사를 드리셨다. 그 제사는 어떤 것인가? (히브리서 10:10, 참고/ 히브리서 10:11~14)

7 우리의 죄를 영원히 사하시고 온전케 하신 제사를 예수님이 우리 대신 드리셨다는 사실을 믿는가? 믿는다면 그 사실을 생각할 때마다 당신이 받는 은혜가 있을 것이다. 말해보라.

8 다윗은 지금 또 다른 어려움을 당하고 있다. 밖으로는 재앙이요 속으로는 죄의식으로 인한 무서운 가책에 시달리고 있는 것이다. 12절을 가지고 이 사실을 살펴보라.

9 다시 한번 다윗은 간절히 기도한다. 그 내용을 보면 세 가지라는 것을 알 수 있다. 간단히 요약하라.

• 11, 13절

• 14~16절

• 17절/

삶의 열매를 거두며

우리 중에 다윗처럼 기가 막힐 웅덩이에 빠진 자가 있는가 살펴보자. 또한 고난이나 한동안 잠잠하던 죄책감으로 인해 고통하는 자가 없는지 살펴보라. 이런 형제를 위해 어떻게 기도해 주는 것이 좋을까?

Lesson 23

건강할 때, 병들 때

시편 41:1~13

마음의 문을 열며

다윗의 시 가운데는 병상에서 고통하며 부르짖는 기도가 몇 개 있다. 6편과 38편이 좋은 예가 될 것이다. 아무리 하나님의 사랑을 크게 받고 위대한 일에 쓰임 받는 사람이라 할지라도 몸을 가지고 세상에 태어난 이상 병이 들 위험은 항상 따라다니기 마련이다. 이 시간에 우리가 펴 놓고 있는 말씀은 병든 자의 부르짖음이요, 탄식이다. 본문만으로는 저자가 직접 병을 앓으면서 지은 것인지, 아니면 병든 자들에 게 가르치기 위해 지은 것인지는 확실히 알 수 없다. 그러나 자신의 경험을 통해서 우러나온 시가 아니라, 머리를 짜서 만든 작품이라면, 그것이 어찌 영혼을 울리는 우리의 기도가 될 수 있겠는가? 성령이 그런 위선적인 사람을 사용하여 인생이 겪는 가장 처참한 고통의 일면을 표현하도록 하시지는 않았을 것이다. 이런 의미에서 이 시는 저자 자신의 경험을 통하여 그의 영혼에서 우러나온 기도요, 탄식이라고 믿는다.

말씀의 씨를 뿌리며

1 먼저 내용이 전반적으로 어떻게 구성되어 있는가를 살펴보아야 한다.

- 1~3절에서는 일반적인 교훈을 하고 있다. 어떤 사람이 복을 받는다고 말씀하고 있는가?

- 4~12절은 저자 자신의 탄식과 기도이다. 무엇을 가지고 그렇게 말할 수 있는가?

- 13절은 결론적으로 추가한 하나님 찬양이다. 무엇이라고 찬양하는가?

2 '가난한 자를 보살핀다'는 말의 의미를 생각해보라. (참고/ 잠언 14:21; 시편 64:9) 그리고 가난한 자를 보살피는 자가 하나님으로부터 받는 복은 무엇인가? (1~3절)

3 하나님은 가난한 자를 보살피는 자가 위기를 당하면 도와주시는 것일까? (참고/ 마태복음 5:7)

4 다윗은 자신이 병을 앓고 있으면서 매우 의미심장한 이야기를 하고 있다. 누구든지 자기가 건강할 때 병 든 자, 가난한 자를 동정하고 도와줄 줄 알아야 자신이 병들었거나 곤궁에 처하게 되면 하나님의 도움을 받을 수 있다는 것이다. 남의 처지를 이해하지 못하는 자가 어찌 자기 처지를 내세워 동정 받을 수 있느냐는 말이다. 그런 자는 하나님의 긍휼을 입을 자격이 없다는 것이 다윗의 소신인 것 같다. 이 점에 대해 당신의 생각은 어떤가? (참고/ 잠언 14:31; 마태복음 18:33)

5 다윗은 우리에게 한 가지 더 중요한 사실을 암시하고 있다. 반드시 낫는다는 자신의 강한 확신을 은근히 비치고 있다는 점이다. 왜냐하면 자기가 건강할 때 빈핍한 자들을 돌보고 불쌍히 여기는 생활을 등한히 하지 않았다고 생각하기 때문이다. 그런데 병들어서 사람들에게 버림을 당하고 있는 자기를 어떻게 하나님께서 못 본 체 하시겠느냐는 것이다. 그에게 이런 확신이 없었다면 시를 시작하면서 빈핍한 자를 권고하는 자가 받을 복에 대해 이야기할 이유가 없는 것이다. 당신은 이러한 그의 확신을 정당하다고 생각하는가?

6 당신은 지금 건강하고, 높고, 평안한 때를 살고 있는지 모른다. 그러나 언젠가는 어두운 골짜기를 빠져 나와야 하는 역경도 있을 수 있다. 그때를 대비하여 지금부터 더 적극적으로 빈핍한 자들을 동정하고 돌아볼 생각은 없는가? (참고/ 전도서 7:13~14, 11:8; 이사야 38:1~5)

7 병든 다윗을 미워하던 사람들은 무엇이라고 수군거렸는가? (5, 8절)

8 다윗은 사람들이 병상에 누워 있는 자기를 문병하러 와서는 거짓말을 하였다고 하는데 이것은 무슨 뜻일까? 흔히 병문안을 와서는 동정 어린 말과 듣기 좋은 이야기를 하고 가지만 실은 마음에 없는 소리를 할 때가 많으며, 더 고약한 경우에는 병든 것을 고소하게 여기는 자들도 없지 않다는 사실을 염두에 두고 생각해보라.

9 세상에는 정말 믿을 사람이 없는 것일까? 9절의 말씀은 예수님께서 가룟 유다가 자신을 배신했을 때 인용하신 유명한 구절이다. 배신은 가장 가까운 사람이 하기 쉽다는 가슴 아픈 진리를 다시 보게 된다. 이런 무서운 세상에서 우리가 어떻게 사는 것이 지혜롭다고 생각하는가? (참고/ 요한복음 13:18)

삶의 열매를 거두며

이 시간 공부한 말씀을 통해 당신이 특별히 깨달은 교훈이 있으면 말하라.

옥한흠 다락방 시리즈

1. 유일한 구원자 예수 그리스도 (새가족모임 교재)
2. 창세기
3. 출애굽기
4. 마가복음 1
5. 마가복음 2
6. 에베소서
7. 야고보서
8. 다윗
9. 사도행전 1
10. 사도행전 2
11. 시편 1
12. 시편 2
13. 로마서 1
14. 로마서 2
15. 로마서 3
16. 데살로니가전후서
17. 욥기
18. 요한복음 1
19. 요한복음 2
20. 요한복음 3
21. 빌립보서
22. 산상수훈

옥한흠 다락방 시리즈 12

시편 2

초판 1쇄 발행 1997년 1월 10일
개정판 1쇄(15쇄) 인쇄 2024년 5월 10일
개정판 1쇄(15쇄) 발행 2024년 5월 20일

지은이 옥한흠

펴낸이 오정현
펴낸곳 국제제자훈련원
등록번호 제2013-000170호(2013년 9월 25일)
주소 서울시 서초구 효령로 68길 98(서초동)
전화 02)3489-4300 **팩스** 02)3489-4329
이메일 dmipress@sarang.org

ISBN 978-89-5731-004-5 03230

※ 책값은 뒤표지에 있습니다. 잘못된 책은 구입하신 곳에서 교환해 드립니다.

국제제자훈련원은 건강한 교회를 꿈꾸는 목회의 동반자로서 제자 삼는 사역을 중심으로
성경적 목회 모델을 제시함으로 세계 교회를 섬기는 전문 사역 기관입니다.